DR HELLE BLEEDSENN?

Bibliografische Information der Deutschen
Nationalbibliothek:

Die Deutsche Nationalbibliothek verzeichnet diese
Publikation in der Deutschen Nationalbibliografie.
Detaillierte bibliografische Daten sind im Internet über
http://dnb.dnb.de abrufbar.

Eberhard Bohn: Dr helle Bleedsenn?

© 2021 Eberhard Bohn

Illustration: Niklas Bohn

Gestaltung: Hartmut Bohn

Herstellung und Verlag: BoD – Books on Demand, Norderstedt

ISBN: 978 3 753439082

Eberhard Bohn

Gugg au då ná:

Dr helle
Bleedsenn?

Schwäbisch – oifach so zemadichtet

An Stelle eines Vorworts[1]

... und am achten Tag schuf Gott die Dialekte. Und alle Völker waren glücklich.

Der Berliner sagte: „Icke hab nen knorke Dialekt, wa?"

Der Hanseate sagte: „Moin, moin, mein Dialekt ist staak, ne?"

Der Kölner sagte: „He, du Jeck! Op Kölsch feiert mer Fastelovend!"

Der Hesse sagte: „Mir Hessa babble des bescht Hochdeutsch!"

Der Sachse sagte: „Jo, nü, freilisch is es Sächsisch klosse!"

Der Bayer sagte: „Jo, mei! Mir san mir!"

Nur für den Schwaben war kein Dialekt mehr übrig! Da wurde der Schwabe traurig ...

Irgendwann erbarmte sich Gott und sagte: „Guad! No schwädscht hald so wia i, Kerle!"

[1] In vielen Varianten über unterschiedliche Dialekte überliefert; Ursprung unbekannt.

1

D' Schnall

„Hans-Walder, hosch eigentlich no net gmerkt,
dass dui Diraschnall glemmt?"

„Di sell an dr Kichedir?
Ka do i ebbes drfir?"

„Des merkt doch a jedr
ond du au beschdemmt.
Dui sott mr halt schmiera,
dass se nemme so glemmt!"

"I ka 's ja brobiera.
Kasch mr du vielleicht saga,
mo mr des Holzkischdle fendt?
Daußa em Schubba?"

„Muascht eba gugga!"

„Moinsch net au, dass do drenn
der Eeler[1] sei kennt?
Mit däm Eel, der zom eela?
Weil dui Dira so glemmt."

Hmm! I fendt dui Kischt edda,
dui isch nemme do,

---

[1] Öler, Ölkännchen

vielleicht onda donda?
Odr soscht irgendwo?

Etz muaß i schnell froga,
was i holla gwet hao,
i be so vrgesslich,
muaß mr 's aufschreiba lao.

„Du, Weib[1], woischd du no,
was i holla gwet hao,
do drauße em Schubba?"

„Du bisch so an Bachl,
bisch richdig dement,
dean Eeler hosch gsuacht,
weil dui Dira so glemmt."

„Ach freile – ja schdemmt!
Dean Eeler mit däm Eel,
weil dui Dira so glemmt."

„Maa – ois woiß i ganz gwieß,
ganz sicher, beschdemmt,
dass dui Schnall en sechs Wocha
äwl no glemmt!"

„I suach jetzt dean Eeler,
sobald i dean fend

---

[1] Altschwäbisch für „Frau" – im Dialekt früher nicht abwertend gebraucht

3

werd i drfier sorga,
dass dui Dier nemme glemmt.

Sobald i dean hau
kann dr i garandiera,
fang e glei damit a,
dui Diera zom Schmiera.

Also bis nochher!"

Abr sag mr bloß,
was isch etzt widdr los?
Mir rombld's em Bauch rom,
i mach no en d' Hos!
I werd no vrickt!
I werd nemme froh,
etzt muaß i ganz naudig
amol zairschda uff's Klo.

Des isch doch zom 's Deifels werra,
etzt schellt au no 's Delefo.
I fang demnächschd a zom Blerra,
lauf em ganza Scheiß drvo.
I muaß doch dui Dira schmira,
hao koi Zeit zom delefiera[1]! *„Hallo?"*

„Ach, Korle, du bisch es,
wia got's dr denn so?
Ällas en Ordnong?

---

[1] telefonieren

4

Do sei no reacht froh!
Bei os isch ganz anders,
mei Alda, dui schbennt,
bloß, weil an dr Kichedier
d' Diraschnall glemmt.

Dui macht dr en Lebdag,
weil dui Diraschnall glemmt
ond no fobbt se me no,
weil e mein Eeler et fend."

„Den Eeler mit dem Eel?"

„Ha, a- ? - Waas? -
Hosch du doch vrdlieha?
Ach freile – der Eeler
isch dieba bei dir!
Ond i such en di ganz Zeit
dahieba bei mir,
do ka i lang sucha
ond ommera schbenna.
Wia wär's denn, du kennschd den
doch ao amol brenga?"

„I breng drn glei niebr,
abr 's gibt a Mallär ..."

„Ja, was denn?"

„Ja, woisch du:
Der Eeler isch leer!"

„No muaß e halt gugga,
ob i nex anders et fend
zom dui Diera zom Schmiera,
dass dui Schnall nemme glemmt!"

Jetzt hau e doch no en meim Schubba dohonda
ganz onda donda mei Holzkischtle gfonda.
Etzt sag mr bloß oiner, was soll denn des sei,
en was fir a Schmiere dabb e do nei?
Was isch abr des jetzt – i glaub bald, i schbenn!
Ja, sag bloß - was isch en dem Häfale drenn?

Ja, prima! Etzt hao i en meim Kischdle dahonda
a Bixle mit uraldem Schweineschmalz gfonda.
Des nemme etzt, wenn es au no so arg schdengt,
Hauptsach isch doch, dass dui Dier nemme glemmt!

„Weib, I be etzt drbei ond woiß ganz beschdemmt,
dia längschd Zeit hot's dauert, dass dui Diera so klemmt!"

Au! - Jetzt isch mr doch ebbes Saudomms bassiert,
etzt hau e mit dr Schnall a weng d' Diera vrschmiert.
Do wurd se schea maula, was ka i do drfir,
so goht's halt, wenn 's äwl so saubleed pressiert.

Dui Behnedier[1]! Ja, was isch denn do bloß bassiert?
Dui isch ja von oba bis onda vrschmiert,

----

[1] Dachbodentür. Behne – Bühne – Dachboden.

ond wie des bloß schdengt! Was hot r do au vrwischt?
I glaub, dass die Wagaschmiere von seim Großvaddr ischt.

„Hans-Waldr, dui Behnedier!"
„I wois, be drbei - dera du i drfier!"

„Hans-Waldr, schnell heb me, i fall etzt glei om,
i krieg glei en Herzschlag, mir wurd 's schau ganz domm!
Etzt hosch schdatt dr Schnall an dr Kichedier
d' Behneschdiagdiera! -
Von oba bis onda! - isch ällas oi Gschmier!

Hans-Waldr, schnell heb me, i fall etzt glei om,
do goht voll 's ganz Johr mit der Diraschnall romm."

Was soll mr etzt macha? I fang nex mai a!
Des Schmiera wurd eh nex. Mr gwehnt sich au dra.
I glaub, mir vrgessat's, mir lassat's, wias isch,
mir launt dui Schnall grauza, dui Sach isch vom Disch.

Von oba bis onda isch ällas oi Gschmier!

Schwäbische Tunwörter: *grauza*

Wo i 1941 en d' Schual komma be, isch mr no net so international gwäa, do hot mr zom a „Verb" no „Tunwort" gsait...

Ibral grautz 's: Dr Ele[1], der alt Grauzer, grauzt wäga seim Reismadeis[2] ond d' Ahna[3] dui alt Grauzere, grauzt ja sowieso wega jedem Katzadreck. Ond dr Maa grauzt schau beim Aufschdanda, weil's en seim Kreiz ond seine Knui ond en de Axla so grauzt. Ond 's Weib grauzt, weil se nex Gscheids zom Aaziaga hot, ond Kendr grauzat obends, wenn se ens Bett miaßat, ond morgens grauzet se, wenn se aufschdanda miaßat. Wenn se en d' Schual miaßat, grauzet se, ond wega de Hausaufgaba grautzet se au.

En osara alda Fachwerkschuir grauzt's, wenn a Weed goht, ds ganze Gebälk grauzt no. Ond osr Drebbalift grauzt saumäßig, dean sot mr naidich amol schmiara. Ond Kichedier grauzt! Em Wald grauzet nachts d' Keizla ond wenn a Weed got reibat zwoi Bemm ananandr, des grauzt ganz oheimlich, mr kennt grad moina, do got a Goischt.

Dui ledig Dande Lisabeth grauzt, weil se moint, sia sei beim Erba vom Ongl Karl z' kurz komma ond sei von dr Vrwandschaft bschissa wora, ond etzt grauzt se grad, weil dr Häbbich oina von

---

[1] Großvater

[2] Rheumatismus

[3] Großmutter

9

ihre Hear[1] gholt hot (dui Hoa sei ihr beschda Leegare gwäa, grauzt se).

Abr, so lang d' Leit no grauza kennat, kaas en eigentlich gar et so schlecht ganga, airscht wenn se amole nemme grauza kennat, hettat se ebbes zom Grauza. Etz mit deam Corona hedd mr vielleicht ebbes zom Grauza ond viel wissat au genau, wia des zom gau hot. Abr i glaub, dr liabe Gott en seim Hemml doba muaß äls iber dene gscheide Leit ihr Gegrauze eftr amol ganz schea lacha.

Mir fallt etz grad nex mai zom Grauza ei. Schade! Des Wort gfallt mr so, des „Grauza"!

Mr kennt au „bräagla" drzua saga. Wer au et schlecht. Brobieret halt dean gleicha Text mit „Gebräagl" odr „bräagla". Äwl basst's et.

P.S.: Mei Weib (mei Frau nadierlich) liest so gera des „Schwäbische", abr wenn des do en dr Zeidong komma däd, no däd se et grauza, no däd se ganz schea maula.

---

[1] Hühner

Hammele „Mäh"

Überliefert

Hammele „Mäh",
wo bisch gwäa?
Uff dr Alb.
Was hosch gsäh?
Laudr, laudr Hammala „Mäh".

Beim Hoidelbeerzopfa[1] em Wald

Überliefert

Beero, Beero,
han mei Häfele eba voll[2].
Isch a buggligs Weible komma,
hot mr älle Beerla gnomma.
Beero, Beero, ...

---

[1] zopfa – zupfen, pflücken

[2] eben voll – randvoll

11

So isch no au widdr!

Mir gangat *noch* Schduagart, abr

- mir gangat noch Woiblenga odr noch Baggana *naus*,
- noch Murred odr Fichdaberg *na* odr *aabe* ond
- noch Nuischteeda *nonder*,
- noch Gschwed *nomm* ond
- noch Welze odr noch Gmend *nei*,
- noch Koidersbach odr Menichhof *nuff* ond
- noch Birgalauch *hende* ond
- noch Heibach *nieber*,
- end Horlach ganga mr *omme*,
- noch Oichelkemmberg *iebe*.

Etzadle breng dees amole em a Flichtleng, wo d' Schbroch lerna will, bei![1]

---

[1] *Ortsnamen in offizieller Schreibweise: Stuttgart, Waiblingen, Backnang, Murrhardt, Fichtenberg, Neustetten, Gschwend, Welzheim, [Schwäbisch] Gmünd, Kaisersbach, Mönchhof, Birkenlohe, Heubach, Horlachen, Eichenkirnberg*

Die Ballade vom alde Raddle vom Hasahof[1]

Uff Kemmberger Schwäbisch

Dr alde Raddle[2] vom Hasahof,
des war gao a feischterer, a oheimlicher Ma,
Narr, der hot Sacha kenna,
dia et a jeder ka.

Gschafft hot'r net so gera,
des lag ehm et so recht.
Sei Höfle war deswega
au aier schlecht als recht.

Mr hot sich so vrzehlet,
(bei vorgehaldne Händ),
er sei a Hexabanner,
der's mit dm Deifl könnt.

Wenn d' Kiah em Schdall vrkalbet
ond d' Schbätzla werad nex,
do kasch de druf vrlassa,
drhentr schdeckt a Hex.

─────────────────────────

[1] Mit einer früheren Version dieser Ballade kam der Autor unter die zehn
Finalisten für den Sebastian-Blau-Preis 2018 in Rottenburg/Neckar

[2] Verniedlichungsform zu Konrad: Konradle, Raddle

13

Dia Hexa, des send meischdens
so alde Weiber gwäa,
mit raude Hoor ond Warza
ond ganze schlechde Zeh.

Des hent abr die meischde
normale Leit et gsäa,
dofir hot's no dr Raddle,
da Hexabanner gäa.

Wenn des mit dem Vrhexa
et besser wora isch,
hot gar nex anders gholfa,
als dass zom Raddle bisch.

Mit vielem Hokuspokus
ond reachte domme Schbrich
hot er na d' Hex vrtrieba
ond hot au zoigt, wer's isch.

Doch hot's au ebbes geba,
was Krach gäa hot em Haus:
Dr Raddle isch schdets blieba
arm wia a Kirchamaus.

Er hot halt fir sich selber
da rechda Schbruch et ghet,
de andre konnt er helfa,
sich selbr oifach net.

Es war amol em Wendr,
dausa hot's Schnai ghet – 's war kalt,

14

do schreit er seim Weib ond de Kender
em Hasahof, doba am Wald.

Fangt feierlich a zom schwäddza,
des hot er ja ällaweil kennt,
er secht, sia sollet sich setza
an Disch na, es dauert bloß gschwend.

I will – noi, i muaß euch gau jetzt ebbes Wichtiges saga,
basset fei ganz genau uff ond horchet mr bitte guat zua:
I schbir's an de Fiaß, am Kopf ond em Maga -
i be ibr achzga ond brauch aheba mei Ruah.

Also:

I will fei amol mai wia gewehnliche Leit:
Et em Kirchhof diba vrgraba sei.
I will drei Däg noch meim Schderba
genau onderem Ölberg[1] en Boda nei.

Zom Ölberg möcht i em Leichawaga,
vorna dra a baar frisch bschlagene, prächtige Geil.

---

[1] Ölberg: An der Walterichskirche in Murrhardt, der Wallfahrtskirche des ehe-
maligen Klosters, befindet sich auch heute noch ein Schnitzaltar von 1512 an
der Außenwand der Kirche, mit der „Jesus am Ölberg"-Szene. Der Altar ist der
Öffentlichkeit nur in der Karwoche bis einschließlich Ostern zugänglich, das
Jahr über ist er geschlossen.

I duld's net, dass ihr mi do niebr traget
ond - en dr Walderichskirch will i fei a richdiga Leicht.

D' Vrwandschaft hot schdill uff da Disch neiguggt,
ond älle hent 's gleiche denkt:
Etz soll er halt z'aischt amol schderba,
no wära mr schau seah, was mr deant.

Es war no em nächschda Wendr,
's war widr so saumäßig kalt,
do isch dr Raddle no gschdorba,
en seim Hasahof doba am Wald.

Na ond? Dr Raddle isch gschdorba,
's war näamr grad sonderlich arg.
Mr macht sich deswega koi Sorga
ond legt 'n schnell nei en en Sarg.

Dr Raddle liegt en seiner Kammer;
dia ganz Vrwandschaft denkt:
Jetzt hemmer'n endlich los, dean Schlambr,
was hot au der os plogt ond krängt.

Au et a gotzigs Blämle
legt mr ehm uff da Sarg,
etz nex wia furt zom Kirchhof.
Leit! - Es pressiert ganz arg.

Ens Grab nei, dapfer Dreck druff,
viel schwere Schdoi drzua,
dass er gwieß nemme rauf ka,
soscht gibt der doch koi Ruah.

Vom Hasahof zom Kirchhof,
des isch a ganz scheas Schdick.
Mr bschdellt vier schdarge Männer,
dia fendet mr - zom Glick.

Doch etz amole langsam,
a ganz kloi bissle g'schdät,
des isch nämlich dr Raddle,
om den sich's do grad dreht.

Wia mr da Sarg hot lupfa wella,
war der obacha schwer,
der hot beschdemmt zeha Zentner gwoga,
's kennt sei, no ebbes mehr.

Wo isch denn bloß des Gwicht herkomma?
Des ka mr et vrschdau.
Der liedrich Sarg hot et viel gwoga,
der dirre Raddle au.

Mit viel Gedrix ond Schenda,
mit aller letzda Kraft,
aus seiner Kammer henda,
hent's d' Manna schließlich g'schafft.

Doch wia dr Sarg grad gugget
a Schdick zur Hausdier naus,
do duat's en allmachts Boggler,
es wackelt 's ganze Haus!

**Zom Behnefeaschtr oba
bregt dr alt Raddle raus!**

17

's goht oim durch älle Gliedr,
des hält mr schier et aus.

Der hot vielleicht en Zora,
hot der vielleicht a Wuat!
D' Träger send glei vrschwonda,
ond Leichtleit sauet[1] furt ...

Ganz vrschaicht schdandet Leit omanander,
do a Häufla zu dritt - dort send's a baar mai.
Mr schreit em Herr Pfarrer ond secht's au em Schuldes,
iberlegt, dischgriert[2] ond holt d' Bolezei.

Uff oimol macht oiner von 's Raddles Vrwandtschaft
sei Maul auf, guggt schräg zom Behnelädle[3] aufe ond secht:
„I drau mrs halt schier et so richtig zom saga,
was oser Raddle nach seim Daud ällas mecht."

Ond no fangt er ganz vorsichtig a zom vrzehla,
von dem schauriga Obend en ihra Kiche am Disch.
Mr mergt, wia 'r Angschd hot, es kennt was bassiera,
des ganze isch au schau a saudomma Gschicht.

Er vrzehlt von deam Leichawaga ond dene Geil,
vom Grab onderem Ölberg ond so.

---

[1] saua - rennen

[2] diskutiert

[3] Dachbodenfensterchen

Er heult ond secht: „Mir kennet des oifach et zahla!
Mo[1] sollet mir des Geld herbrenga? Sagat mr: *Mo?*

Mir send so vrschuldet, dr Hof ghairt dr Bank.
D' Muadr hot Schwendsucht ond 's Bäsle isch krank.
Ja, des send Brobleme, was macha mr do?
I woiß nemme weidr, i werd nemme froh!"

A weitläufiger Vetter isch au bei dr Leicht,
er hot wella erba, er wurd gau ganz bleich.
Er denkt an sei Fahrgeld, an den saudeira Schdrauß.
Des oine isch gwieß: Mit deam Erba isch aus!

Ja, des Ganze isch schau a vrfahrena Gschicht.
Do secht dr Herr Schuldes a Machtwort ond schbricht:
„Dia Geil wärat zahlt ond dr Waga erscht recht.
Doch des mit dem Ölberg isch ganz oifach schlecht."

Er frogt no sein Pfarrer, was der driber denkt.
Der hot sich schau richdig sei Hira[2] verrenkt:
Schiab's riber, schib's niber, ehm fallt halt nex ei;
no halt - en Gotts Nama - no muaß es halt sei.

Mr hot no von auswärts en Fuhrmaa herbschdellt,
vom Schdädtle macht's koiner, des hot mr scho denkt.
Dr Raddle? Dean Dondr? Launt me mit dem bloß en Ruah,
noi, dean fahr i edda - no knallt d' Hausdiera zua.

---

[1] mo - Welzheimer Wald-Schwäbisch für „wo"

[2] Gehirn

Sia fahret zom Kirchhof ans ausgschaufelte Grab.
Uffs Daudagräbers Kommando launt se da Sarg langsam ab,
ond etz isch er donda, schnell, degged en zua,
mit Dreck ond viel Schdoiner! Ond jetzt hot's a Ruah!

Aber, halt amole:
Jetzt no amole langsam,
a ganz klois bissle gschdäd,
's isch äwll no dr Raddle,
om den sich's do dreht!

Jetzt send doch au grad a baar Wocha vrganga,
do hot es em Schdädtle zom monkla[1] agfanga.
„Mi hot ebbr zupft!", „Ond i hau oin gsää!
I mecht schiar behaubda, dr Raddle isch gwäa!"

Am Afang send's wohl a weng so Gschbässige gwäa,
dia hent äls amol ebbes Iberzwerchs – Fitzemadengala[2] – gsäa.
Doch mit dr Zeit waret's meischt recht honorige Leit,
dia sicher gwäa send, dass sich dr Raddle romtreibt.

Z'letschda isch des dermaßa oagnem worra,
koi Mensch hot bei Naacht mai en d' Gass auße wolla.
Es goht nemme andrsch, mir kommt zu dem Schluss,
dass dr Raddle onderem Ölberg vergraba sei muss.

's war widdr amol Wendr, 's war et ganz so kalt,
Do geid's en dem Schdädtle en Akt der Gewalt:

──────────────────────────────

[1] munkeln

[2] Fisimatenten

Der Raddle goht om - des isch richdig a Lascht,
der kriagt jetzt sein Platz onderem Ölberg vrpasst.

Mit Schaufel ond Schpada ond a ma ooguada Gfiehl
macht mr 's Grab widdr uff …
Dr Deckl vom Sarg, der sieht grad aus wia nei!
Selbander lupfed 's en ganz langsam en d' Hai.

Ond drenn leit - dr Raddle - mit offene Auga!
Was doch älles geit, des isch kaum zom glauba.
Dia Negel an de Fenger, au dia an de Fiaß,
sähn aus wia so Kralla, wia ganz lange Schbiaß.

Ond dr Bart, der isch gwachsa, ond dia Hoor auf 'm Kopf!
Ganz bais bleckt 'r d' Zee onder seim schdrabliga Schopf!
Jetzt holt mr da Sarg rauf, des Fuhrwerk schdohd do,
em Trab goht's zom Ölberg - es rombelt no so.

Dr Pfarr hält a Predigt, ond d' Leit senget **des Liad
vom Pilger aus der Ferne,** der seiner Heimat zua ziagt.
Ond dauße deggt dr Daudagräber drweilscht 's Grab widdr zua.
Ond älle hoffat enbrinschdig, 's gibt desmal endgildig a Ruah.

Es send ganz gwieß seither
schau manche Johr vrganga.
Mr hot au nex mai ghairt
ond nergets hot's nex gäa.
Dr ald Raddle isch furt,
er isch doch nemme komma.
Zomendescht secht nämer,
er häb ean widdr gsäa …

21

Der Pilger aus der Ferne

Der Pilger aus der Ferne,
zieht seiner Heimat zu;
Dort leuchten seine Sterne,
dort sucht er seine Ruh'.
Der von dem Honigseime
Der Ewigkeit geschmeckt,
Der Pilger ist daheime
Nur, wenn das Grab ihn deckt.

Joh. Chr. Beuerle, 1855

**Zom Behnefeaschtr oba
bregt dr alt Raddle raus!**

23

Schwäbische Tunwörter: *schnabba*

I hau do grad ebbes uffgschnabbt: Mei Nochbre sei dia Däg niebergschnabbt, mr soll's abr et weidrvrzehla, sonsch sei die ganz liab Vrwandtschaft eigschnabbt.

Ond was schnabbt soscht no älles?

A Daschamessrle ka mr uffschnabba ond widdr zuaschnabba lassa. Des Uffschnabba hot abr mit dem Uffschnabba wega dem Niebrschnabba von meinr Nochbre nex zum doa, des isch a andrs Gschnabb.

A Hausdiera ka dr vor dr Nas danna ommeschnabba ond zuaschnabba, ond 's Dieraschloss ka eischnabba, ond wenn d' no koin Hausschlissl drbei hoscht, no kenndsch au grad niebrschnabba!

A bissle ebbes andrs wie eischnabba isch neischnabba, ond no ka mr selber, oder ebber, oder ebbes anders, omschnabba odr naaschnabba.

Dr Oggsamanns Korle

Wart du no!

Letschdee[1] be e amol widdr en Baggana[2] gwäa,
's war äbre[3] Weddr, ond wän moinscht, hao e gsäa?

Da Oggsamanns Korle[4], den Siach[5], dean Zigeinr!
I sag dr bloß sov'l: Dees isch vielleicht oiner!

Am Schaffa, do hot 'r en Aabr[6] dra ghet.
Dees hot 'm schwer gschtonga, des hot 'r net gwet.

So isch 'r mit seine reacht schiache[7] Gedanga
äll boat[8] an irgend ma Egg en dr Schdadt omr gschdanda.

Dort hot 'r druff gwardet, ob sich et ebbr fend,
wo seim saudomma Gschwäddz a Weil zuahaira kennt.

---

[1] Letzthin, kürzlich

[2] Backnang

[3] annehmbar

[4] Verballhornung von „Karle"

[5] Unübersetzbares Schimpfwort

[6] Widerwille

[7] hässlich

[8] Alle Augenblicke

Ond jetzt be au i kaum aus em Bus hausa gwäa,
schau hot 'r me gmerkt, schau hot 'r me gsäa.

A kurza Begriaßong ond schau goht's au los
mit dem alda Gekrauze[1] - was mache denn bloß?

„O, Korle, des will i doch älles net wissa,
lass me bloß mit deim alda Gebrägl[2] en Ruah!

I muaß schnell zom Doktr, mei Katz hot me bissa,
en dei Goscha goht's kalt nei, 's isch gscheidr, lesch zua."

„I woiß - abr ebbes muaß dr halt doch schnell vrzehla,
was e gerschdig airscht ghairt hao, es isch no ganz nui:

**Narr, en Haufa Fabrigga ghaired schau ganz de Kinesa,
ond iberall dia Kopfduchweibr - aheba wurscht schui!"**

's Weddr sei nex mai ond d' Sonn scheint viel z' warm,
dr Moo[3] häb koin Hof mai ond die Leit send so arm.

's Meer, des lauft ibr ond isch voller Mill.
Dr Neggar dä schdengga, ond viel Gschäftr schdaunt schdill.

„Ond Nazi gibt's wiedr en oseram Land,
Des isch doch von vorna bis henda a Schand."

---

[1] Gejammer

[2] Genörgel

[3] Mond

„Du, des mit deane Nazi, des treibt me schau om!
Moinsch, d' deutsche Leit seiat schao wiedr so domm?"

„Dia Bangga gaund pleide ond 's Geld, des vrreggt,
doch i hau zom Glick no iber zwanzg D-Mark
ondr dr Bettziach[1] vrschdeckt.

Bolezei kascht vrgessa, Boledig isch a Schand.
Dass Zeidonga liagat, des isch ja bekannt."

„Oh, Korle, etz langt's, etz hair uff, es isch gnuag!
Älles isch Schwendl, bloß Lug ond Betrug …".

„Ond was moinscht, hau i gerscht em Fernsäha gsäh!?
Was sollsch do au no dengga?
Dr Bachschdoikäs dä gar nemme so saumäßig schdengga!

Etz hau dr no gar nex vom Fuaßball verzehlt:
Was do älles gschwäddzt wurd, von morgens bis schbät.

Wenn dia ihren Baal besser aufbomba dädet,
däd 'r viel bessr wargla[2] ond 's gäb viel mai Door.
I woiß, i vrschdand 's net, so schdell mr 's halt vor.

---

[1] Bettbezug

[2] rollen

Mo mir ällamol no Baales doa[1] hent,
du, mir sent fei groifelt[2], send mir sämml grennt.

Narr, mir send so richdig gloichalich gwäa,
en de Knui ond de Glenk, do hot es nex gäa.

Zwoi Bullober[3] hem mr ens Gras einegschmissa,
des send oser Door gwäa, do hem mr neidreffa miassa.

No hem mr de Horlacher[4] no dr Ranza vrschlaga
ond hent os anander ans Scheeboi nagschdaucht.

Des hat drzughairt. Dia Hurgler, dia lommelige!
Heit dengge do anders, des hett's et grad braucht."

„O Korle ...!

I muaß abr etz weidr, mei Haad dud so wai!
Dr Dogdr macht zua - es langt au fir heit.

Vielleicht send's bloß d' Omschdend, vielleicht send's au d' Leit.
Es isch äba so en dr heidiga Zeit.

Ond etzt will i dir Schlamber au no was saga.
So langsam platzt mr nämlich dr Graga:

────────────────────────

[1] Baales doa – mit dem Ball spielen

[2] roifla - rennen

[3] Pullover

[4] Horlachen, Ort zwischen Kirchenkirnberg und Gschwend

Viel Leit hent en de letschd fuffzg, sechzg, siebezg Johr
ganz oifach amol apackt ond hend ebbes doa,

ond send et an de Egga en dr Schdadt ommergschdanda,
dr Riasl raghengt[1] ond hend d' Zuakonft vrmiest.

Ond so macha mr weitr ond no wurd's au recht,
no goht's sogar no so ma Dagdiab wia dir et ganz schlecht!"

Weitläufig, om sieba Egga nom - des muaß e no saga!
Soll e 's verroda? - 's isch fei gleischier a Schand:
be i mit dem Schlawagga[2] sogar no vrwandt.

---

[1] Dr Riasl naahenge: Den Rüssel hängen lassen. Missmutig sein.

[2] Schwäbisches Schimpfwort

29

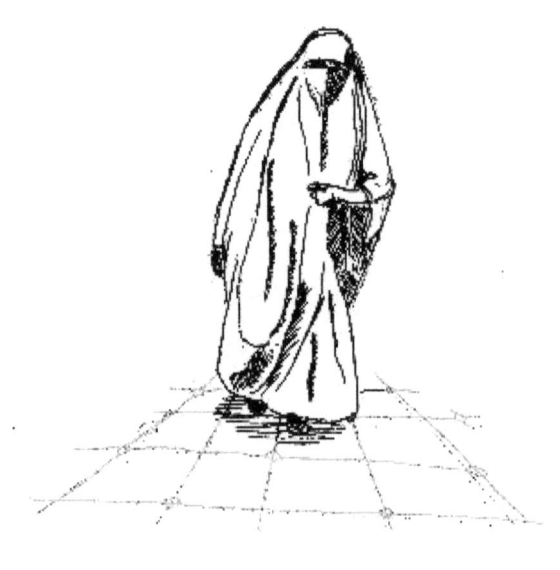

Dr Korle: „**Narr, en Haufa Fabrigga ghaired schau ganz de Kinesa, ond iberall dia Kopfduchweibr - aheba wurscht schui!**"

Em Korle sei Liablengsschbruch[1]

Meedich isch dr blaue Dag,
Daeschdich i nex schaffe mag.
Mittwoch isch dr Wochamarkt,
Donnerschdich isch au net arg.
Freidich lesst mr Freidich sei,
dr Samschdich schlupft en Sonndich nei.

---

[1] Ein beliebter Spruch meines Vaters, Gottlob Bohn

31

So a Bech!

Hosch heit da Oggsamanns Korle schau gsää,
mit a ma blitzbloa Aug
ond ara dick gschwollana Lubbl[1]?
Was hot er au do gmacht, der iberzwerch Dubbl?

Drzu uff am Bagga en ganz grauße Bäbbr.
Ond wenn mit em schwäddscht, no merksch, dass sei Zee
en dr Gosch drenn ganz klabbrig omara wacklat.
Mr kennt schiergar moina, d' ganz Visascha[2] sei hee.

Er vrzehlt doch fascht älle, ob se 's haira wellet odr et,
dass er koin Tropfa Alkohol mai agugga däd.
Es hot do doch hoffentlich koin Rickfall et gäa,
ond er hot ema Balla[3] a Hauseck net gsää?

Odr hot er sich gar en an Händel nei gmischt
ond hot do ois vrdwischt?
Abr do schdoht dr Korle net so ganz vorna na,
dass er jo et aus Vrsäha oina abgriaga ka.

Hot em oiner amole richdig d' Goscha vrschlaga?
G'hairt hett 's em schau oft, mit seim schbitzfendiga Gschwäddz.

---

[1] Lippe

[2] Visage, Gesicht

[3] Rausch

32

Ond häusliche Händel send's au schier et gwäa,
er hot ja koi Weib, des zom Händla do wär.

Do hascht du schao recht! Mr soll's et vrzela,
deam isch ebbes ganz anders, ebbes Saubleeds bassiert!

Du woischt doch, dr Schreiner hot etliche Buaba,
dia älle nex daugat - so hoißt's halt em Dorf.
Sia hocket da ganz Dag drhoim en dr Schduba
ond schlaget da Dag daud ond lomlet bloß rom.

Dr graischte drvo, des isch koi oogschiggder Denger.
Dean hot er em Friseur Herold, em Gustav, vorgschdellt.
Er moin halt, der häb a weng arg feine Fenger,
ob er dean net als Friseurlehrling eischdella kennt.

Dem hot der Bua gfalla ond hot en glei gnomma.
Hot em ällas gnau gsait ond vieles erklärt:
Wia a Rasiermesser gwetzt wurd, wia mr Hoar richdig kemmt.
Ond wia mr a Frisierduach en da Kraga neiklemmt.

Hot em ganz genau zoigt, wia dr Schoom gschlaga wurd
ond wia mr en Bart drmit eisoifa duat.
Wia mr Kamm samt Schera richdig en d'Haad nemmt.
Ond wia's goht, dass beim Kassiera 's Geld au gwieß schdemmt.

Der Bua hot gnau zuguggt ond hot öfters au gfrogt,
wia mr des au so macht ond wia sell richdig goht.
Er war, muaß mr saga, recht gschickt bei seim Gschäft.
Deam schbennada Gustl macht er trotzdeam nex recht.

Dr Herolda Gustl, du kennsch den ja au,
des isch halt a Gischpel, er schbennt äls wia d' Sau.
Kasch et anders saga!

Dia ganze moderne Erziehongsmethoda
khairet seiner Asicht nach sowieso glei vrboda.
Er schreit äls dean Bua a ond macht en nervees.
Äls rutscht em au d'Haad naus, des isch ja et dees.

Des Birschle isch sensibl ond wägerle reng[1],
ond der iberzwerch Moischder isch saumäßig schdreng.

Dia Däg isch dr Korle zom Hoarschneida ond Rasiera komma.
Dr Gustl duat vor sich ahne - ond omara bromma,
ond kommt zu deam Schluss: I will es risgiera!
Ond lässt sein Lehrbuab 's Rasiera probiera.
Mit *oim* muaß mr'n ja schliaßlich amol afanga lau.
Er lässt 'n amol macha, er hofft: 's wird schau gau.

Der soift däm Korle sein Riabl[2] ganz fachmännisch ei,
wetzt 's Messer au richdig - isch a weng aufgregt drbei,
ond fangt a zom Rasiera ...
Dr Gustav schdoht drneba ond gibt genau acht,
dass der Kerle sei Sach au gwieß eiwandfrei macht.

Es goht ällas ganz prima, 's lauft saumäßig guat.
Dr Gustav macht ebbes, was r ganz selda amol duat:

---

[1] abgewogen gering – im Sinne von „gewogen und zu leicht befunden"

[2] Rübe, Kopf

Er lobt seinen Schdift, secht: 's isch et so ganz schlecht,
wenn da so weidr machscht, no wurd des scho recht.

Uff oimol muaß dr Korle ganz firchterlich kobba[1].
Dr Bua isch nadierlich gschwend richtig vrschrogga.
Em Bua vrrutscht 's Messer ond er schneidet drbei
em Korle schau gewaldig en sein Pfausbagga nei.

Dr Korle duat en Schroi naus, dr Gustl kriagt en Zoara,
ond hot drbei dodal sei Beherrschong vrlora.
Er hebt sei Haad auf - holt so richdig weit aus -
will dem Kerle ois schmiera.

Dr Bua sieht schau Schdernla, macht Auga schnell zua,
ond duckt sich schnell nonder, - ja, ond weg isch dr Bua!
Es duad einen Batscher ond glei druff en Schroi:
Do haut doch der Gustav dem Korle ois nei.

Ja, noi, net da Bua, dr Korle hat's droffa.
's Resuldad hem mr ja grad eba ausfierlich beschbrocha:
Du, der hot dr Korle schau richtig vrwischt!
A Glick war's, dass er et au no vom Schduhl ghagelt isch!

Richdige Soifablosa, vom Rasierschoom, seiet ógloga
en dr ganza Frisierschduba en dr Gegend romgfloga.

Dr Gustl hot dr Korle schnell zom Doktr nomgschickt,
der hot ehn provisorisch mit Katzadärm gflickt.

---

[1] aufstoßen, rülpsen

Hot gsait, er soll schnell no ens Kranggahaus ganga,
er selbr kenn domit et weidr afanga.

**Dr Bua isch vrschwonda, isch auf ond drvoh,
wo mr au sucht, er isch nemme do.**
Des isch grad dr neueschde Schdand von der Gschicht:
Dr Korle will mit em Gustl vor 's Gricht.

's Ganze hot gerscht Obad vollr Vrgniaga
dr Dogdr em „Adler" am Schdammdisch vrzehlt.
Vielleicht hot er au a weng ibertrieba,
abr, so a Gschicht hot em Dorf schau lang wiedr gfehlt.

**Dr Bua isch vrschwonda, isch auf ond drvoh,
wo mr au sucht, er isch nemme do.**

Alte Liebe

Oder: „Lass me bloß en Ruah!"

Es huscht a ganz klois *Vögelein*
grad wia a Schdrahl vom Sonnaschei
zom Kichefeaschtr nei.

En seinem kloina *Schnäbalein*
do hot's a Schdick Babbier,
es zwitschrt ganz arg zart ond fei:
A Schatz, der schickt es dir.

Es schmeißt da Zettl uff da Disch
ond flattrd dapfer zrick.
Dui Schrift da druff isch no ganz frisch.
Was isch dees fir a Glick?

Dees isch ja vo meim alda Maa!
Was will au der vo mir?
Dean Wisch, dean guck e gar et aa,
dui Zeit vrschbar i mir!

Ach so, so sieht des also aus
mit deira Liab ond Drei!
Ond i hau denkt, dui Leidaschaft
sei äwl no wia nei.

I muaß heit en da Baschdelkreis
ond no zom Kirchachor,
ond meine allerbeschde Katz
hot en millijonisch graußa Zeck
an ihrem rechda Ohr.

I han zom doa da ganza Dag
bis nei en d' schbäda Nacht.
I hao schao absolut koi Zeit
zom Gugga, was der macht!

Abr, dui Nuigier zom bezwenga,
dees will mr au et so ganz glenga.
Zom Guggug, seha will es noh:
Was kennt denn dees au sei?
Oh, heidanei, i denk mr 's scho:
Nex Gscheits fallt däm et ei.

Es isch der alde, freche Vers
aus osere Jugendtäg.[1]
Deam g'hairt amol dr Ranza voll,
amol so richdig Schläg:

„I mag de grad wia's Apflmuas,
so zärtlich wia Schpinad,

---

[1] Der folgende Reim war ein bekannter Spruch in der Jugendzeit des Autors

mei Herz schlecht[1] wia a Geilesfuaß,
wenn i de sieh, du Aas!

I mag de fascht wias Zwetschgagsälz,
wia Schnegga em Salad,

mei Herz schlechd wia a Lanzbulldog
bei minus 20 Grad.

Etz woisch, wia i di mag!"

---

[1] schlägt

Schwäbische Tunwörter: *aazoisla*

Mei Frau hot 16 Johr lang a Katz ghet: D' Schnurri.

's war a dreifärbiga Katz, a ganza liaba, abr sui hot no Krebs ghet ond mir hent 's miaßa eischläfara lassa. Mei Frau hot arg trauert.

An aldr Freind, er isch Dierarzt, hot no gmoint: „Do miaßad 'r hald so a halbwilda Katz, dia oms Haus romschdreicht," – ond etzt kommt des herrliche schwäbische Wort – „aazoisla, no hend 'r widdr a Katz!"

Mir send abr z' alt, mir wellet koi Katz mai ond zoislat koina mai aa.

D' Schnurri †

40

Em Hafadal ond Hiddabiehl

Überliefert

Em Hafadal ond Hiddabiehl[1]
scheane Mädla geit's[2] et viel:
Scheane Mädla geit's et viel
em Hafadal ond Hiddabiehl.

---

[1] Hafental und Hüttenbühl, beide bei Alfdorf. Der Sinn des Spruches bezieht sich weniger darauf, dass die Mädchen dort nicht hübsch wären, sondern dass die beiden Weiler aus nur wenigen Häusern mit folglich wenigen Bewohnerinnen bestehen.

[2] gibt's

Dr Durmbau en Babel

1. Mose 11

Ond den mords Wirrwarr dean's sellamol mit dr Schbroch gäa hot.

Es hent abr domols (noch dr Sendflut) en dr ganza Welt älle Leit ganz gleich gschwäddzt.

Ama scheana Daag[1] hent se sich uff oimal uffgmacht ond send midanander Richdong Oschda zoga ond hent, em Land Sinear isch es gwäa, a scheas, eebes Land gfonda - ond da hent se no gwohnt.

Noch einiger Zeit send se no amol zammag'hockt ond hent mitanander iberlegt, wia's mit en weiderganga soll, ond sia hent zuanander gsait: „Wisseter was, gau mr her ond format Loima zo Bachschdoi ond brennet se!" Ond sia hent dia Bachschdoi gnomma ond Erdharz als Schbeis ond hent gsait: „Jetzt baua mr a Schdadt ond en Durm, dem wo sei Schbitza bis an da Heeml nágoht, dass mr ons en Nama machet, on dass mr von os iberall vrzehlt. Soschd vrschlecht's os nemlich am a scheana Daag woiß net wo na, ond mir send iberall rom vrschdreid."

Ond des hent se no gmacht.

---

[1] „an einem schönen Tag" – eines Tages

Do isch dr liebe Gott ragfahra von seim Heeml ond hot amol seha gwet, was dia Leitla do eigentlich fir a Schdadt ond fir en Durm bauet.

Wo er des gseha hot, was dia do deant, do hot er sich gsait: „Guck dr des amol a!" Hm, hot er dengt, des send älles dia gleiche Leit, ond sia schwäddzet älle d' gleicha Schbroch, ond etzt hent se so ebbes agfanga zom doa; dia wärret woll en ihram Greeßawahn mit dem ällem et aufhaira, was se sich do vorgnomma hent zom doa.

Em airschda Moment hot 'r gschwend denkt, er well herganga ond well ihr ganz Glomb oifach eischmeißa. Abr zu was denn? Guad, lasset me naafahra ond se ganz oifach so durchanander brenga, dass koiner mai em andara sei Schbroch verschdanda ka.

So hot dr Herrgott d' Leit von dort en älle Lendr verschdreit, dass se mit ihrer Schdadt zom baua hent aufhaira miaßa.

Deswega hoißt dui Schdadt „Babel[1]", weil dr Herrgott de Leit von älle Lendr ihr Schbroch so durchanandr brocht hat ond d' Leit von dort in älle Lendr verschdreit hot.

---

[1] Laut Wikipedia wird mit der Stadtbezeichnung „Babel" im hebräischen Text ein Wortspiel gemacht, das auf den ähnlichen Klang der Wurzeln **bbl** (im Namen „Babel") und **bll** (im Verb „verwirren") aufbaut.

Alte Sprüche aus dem Welzheimer Wald

Zum Teil heute noch in Gebrauch

Wenn einer etwas ausgefallene Ansichten vertrat:
„Em ma jeda Narra gfallt sei Kapp ond mir mei Huat."

„A bissle a Glomb isch ällas!"

Wenn a Gschäft et noara ganga isch:
„Macha mr Schbatza odr fressa mr da Doig so?"

Schwäbischer Wengerderschbruch:
„Von meim Saufa schwäddzat älle,
von meim Durschd secht neamar nex!"

„Wenn dr Schwob äbbes ganz vornehm saga will, no schwäddzt
er Hochdeitsch. Ond des goht meischdens drnäaba!"

„Gschmäggr send vrschieda: D' Katz mag d' Maus."

„No et so domm, liabr recht faul."

„Wer a glois bissle gscheit isch, schafft net so viel!
Mit de Domme dreibt mr d' Welt om!"

„Essat ond drenggat ond schiebat au ei!"

„Essat au Salat! Schbätzla ka mr reescha!"

„'s gschiet meira Muadr grad recht, wenn 's mi so an d' Fenger friert! Warom kauft se mr koi Hedschich[1]?!"

„Oh, Ele[2], dei Glomb!"

„Ätsche Gäbale!"[3]

„Letz Bärmele!"[4]

---

[1] Handschuhe

[2] Großvater

[3] „Ätsch bätsch!"

[4] Ausruf des Erstaunens oder Bedauerns

Schwäbische Tunwörter: *gäga*

Wenn 's Moschtfässle[1] fascht leer isch, no isch dr Moschthahna[2] haier als der reschdliche Moscht, ond 's kommt nex mai aus'm Fässle raus.

No muascht halt des Fässle a bissle noch vorna *gäga*[3], dass no a bissle Moscht zammalauft:

Entwedr 's Griagle ondr da offana Hahna schdella on des Fässle henda aalupfa, noch vorna gäga ond uffbassa, dass dr Moscht ens Griagle neidrifft. Oder da Hahna zualassa, henda uffgäga, ebbes nonderschdella, 's Kriagle nondrheba ond no da Hahna uffmacha ...

---

[1] Most - Apfelwein

[2] Der Zapfhahn am Mostfässchen

[3] leicht kippen

46

A rasanda Irrfahrt

En dr Nacht neschdet dr Gottliab en seim Bett omanandr ond ka oms V'regga net schlofa.

No macht er sich so seine Gedangga, was es am nächschta Daag zom Schaffa gäa kennt, ond do fallt em ei, dass daußa em „Diafa Wiesle"[1] an dem alda Gwirzluigabom[2] a dirrer Ascht rahangt, dean hett mr scho lang amole solla wegsäaga.

Jo, des wär was, des könnt er morga doa.

Da driber, wia er sich des so ausgmolt hot, was er do ällas drzu braucht ond wia er des aschdella kennt, isch er no eigschlofa, ond so vrschlofa, dass er morgens airscht faif Minudda vor dreiviertl neina[3] aufgwacht isch.

Des hot's ja no nia gäa!

Er mault an sei Marie na, warom sie ähn et belder uffgweckt hot, abr dui secht do liabr gar nex.

Nach am Kaffeetrengga isch 'r naus ond hot sein Touran aus dr Garasch rausg'holt, ond no hot er von Hand sei Oiaxahängerle[4] aus am Schubba rauszoga ond hot's wella an da Touran nahänga. Ond

---

[1] Flurname

[2] Gewürzluiken - eine Apfelsorte

[3] „fünf Minuten vor dreiviertel neun" – typisch schwäbische Zeitangabe

[4] Einachsanhänger

grad, wo er dui Ahängerdeixel en d' Ahängerkubblong vom Touran hot neidrugga wella, isch er an ama Grasbischele gschtolbert, ond dui Deixel hot's henda danna an so a Blech am Touran nadruggt ond hot des Blech a bissle vrboga.

Et arg, bloß a bissle.

Wo er sella Obend wiedr en seim Bett gläga isch ond sich so iberlegt hot, was do heit ällas schiafglaufa isch, hot er denkt:

„Do hett e solla aufhaira, do hett e merga kenna, dass des heit et mei Dag isch ...".

Ja hett e!

Dr Gottliab hot's Ahängerle no voll aghängt ond hot sei kurz Loiddrle aus em Schubba gholt, die dritt Schbross von onda rauf hot gfehlt, des hot er gwisst. Do hot er beim Rauf- ond Raschdeiga uffbassa miaßa. No hot 'r no sei Bohmsägle gsucht, ond en raoda Lomba[1], weil dui Loidr henda so weit ibr des Ahängerle nausguggt hot.

Weil er koin raoda Lomba gfonda hot, hot er halt a leers Zementsäggle, wo grad romglega isch, henda nabonda.

No isch er gschwend ens Haus nei ond hot nomal en Kittel azoga, weil's so kalt gwäa isch.

---

[1] einen roten Lumpen, Lappen

48

Wo er no weggfahra isch, hot 'r uff seinara Tankuhr gsäa, dass sei Tank fascht ganz leer gfahra gwäa isch. No hot er denkt, no muaß e gschwend tangga ond isch an a Tankschdell nagfahra.

Er isch an dr Tankseila a weng weit vorgfahra gwäa ond hot wella a bissale zruckschdaußa, dass dr Schlauch besser langt, ond hot net gmerkt, dass glei hendr ehm, an dr Tankseila drhendr, oiner mit ama Mercedes nagfahra gwäa isch.

Es hot en allmachts Klebberer doa, ond der Maa isch aus seim Mercedes raus, echt Mercedesfahrer, ond hot dean Gottliab aabregt[1] ond hot ehn ällas ghoißa, bloß koin Herra. Er sei z' domm zom Riabahacka ond zwoimol z' domm zom Audofahra.

An seim Loidrle hot's a Schdick vom Holma weggrissa, des hot'r glei gsäa, ond dui Modorhauba an dem Mercedes hot's schau au ganz schea vrboga ghet, des hot er au gsäa.

Ärgerlich, abr 's isch schau bassiert gwäa.

Hot der Maa deebt[2]! Ond hot dr Bolezei delefoniert ond hot zom Gottliab gsait, er soll jo schdaubleiba ond jo et norafahra, bevor Bolezei et do gwäa isch.

Noch ara Weile isch d' Bolezei no komma: Zwoi Bolezischda.

Der Mercedesfahrer hot uff dia Zwoi einegschwäddzt ond saumäßig gschempft, ond oi so a Bolezischt hot no vom Gottliab da

---

[1] angeschrien

[2] getobt

Fiehrerschei säh wella, dean hot er nadierlich et drbei ghet, er hot ja bloß an sei Diafs Wiesle nausfahra ond dean Ascht rasäga wella.

Der Bolezischt hot ehn no belehrt ond gsaid, dass er sein Fiehrerschei äwl drbeihau muaß, wenn er Audo fahrt. Des sei a Ordnungswidrigkeit ond dä 20 Euro koschda. Der andere Bolezischt hot drweil an dem Zementsäggle omaragschduttert ond hot gfrogt, was des zom Bedeida häb, ob des vielleicht a raods Fähnale sei soll. Des hot no noml 15 Euro koschda solla.

Dr Gottliab isch äwl kloilaudr wora ond isch ganz klabberig en seine Hosaboiner drena gschdanda.

Sia hent no ällas aufgschrieba ond fodografiert. Boide Audo hend no fahra kenna, au der Mercedes hot et miaßa abgschlebbt wärra. Zom Mercedesfahrer hot er gsaid, er soll's macha lassa ond soll em d' Rechnong schigga, sei Versicherong dä älles zahla, ond hot em sei Adress gäa.

Uff jeden Fall hot er etzt tangga miaßa!

Er isch aber so aufgregt gwäa, dass er älles falsch gmacht hot. Er hot den Zapfhahna ens Tankloch vom Touran neigschdeckt, hot aber et gmerkt, dass er da Tankdeckel gar et ragschraubt ghet hot. Des hot er airscht gmerkt, wo d' Briah an seine Hosa na gloffa isch. Iberhaupt hot er schdatt Diesel Benzin tankt.

Es isch no a millions Benzinpfitze uff am Boda gwäa. Zom Glick send dia Bolezischda schau weggfahra gwäa.

Abr dui Tankere hot's gsäa ond isch mit a ma ganz rauda Kopf aus ihrem Kabiffle drhergsaut komma, ond etzt hot dui afanga zom

50

schreia: Er soll jo des Benzin ganz saubr wegbutza, des dä explo-
dira, ond dia ganz Tankschdell dä en d' Luft fliaga.

Sui hot ehm no a klois Oimerle bracht, ond en Haufa alde Lomba,
zom Uffbutza.

Ja, eigendlich wär's etzt bald Zeit zom Middagessa gwäa, aber
etzt hot er sich schau en da Kopf gsetzt ghet, den Aschd von dem
Gwirtzluigaboom zom rasäaga.

Ab jetzt isch's airscht richtig dramadisch worra!

Wia er grad hot losfahra wella, hot's en mords Schlag doa ond des
war a Explosio, ond iberall isch bloß no Fuier ond Rauch gwäa.

Dr Gottliab hot denkt: Am beschda i hau ab, nex wia furt, ond isch
mit Vollgas losgfahra. Dr Touran isch ab wia a Rakeda. Er hot no
ghairt, wia iberall d' Leit afanga schreia hent ond wia Sirena
agfanga hent zom breega. Ond jetzt send ehm au schau
Feierwehraudo ond Bolezei mit Blaulicht ond „Tatü-Tata"
endgegakomma.

Älle Leit, mo em vrkomma send, hent ganz angschtvolle, ganz
vrzerrte Gsichter nagmacht, i glaub viele Leit hend denkt, d' Welt
geng ondr.

Ond dui Schdroß isch äwl schmäler ond kurviger wora. Dr Gottliab
hot sich vor laudr „lass me au mit" todal vrfahra ghet, do isch er
no nia gwäa. Uff dr lengga Seit isch a baar hondert Meedr ganz
schdeil, fascht senkrecht, naganga ond rechts isch fascht senk-
recht nauf ganga, ond millions grauße Schlaglöcher hot's au en
Haufa ghet. **Er moint, rechts danna sei au amole a Miehle gwäa
mit a ma Wasserrad, mo saumäßig gschbritzt hot.** Odr isch

51

lengs gwäa? Lengs ond rechts brengt 'r sowieso schau lang rade-kal durchanandr. Ond iberall send Schdoiner ond Dreckbolla, so grauß wia Kendsköpf, en dr Schdroß denna gleaga, ond net amol a Glendr isch danna gwäa, ond ganz, ganz weit onda hot der wilde Gebirgsfluss grauscht, des hot er grad no mitgriagt ond älles isch äwl schneller ganga. Sei Oiaxahängerle henda dra hot sodde Höp-fer gmacht!

Ond no isch's om a scharfs Egg nommganga, mo mr et nomgsäa hot, ond do isch uff oimol a riesa Laschtzug drherkomma, ond sia hent boide grad no namigga[1] kenna.

Der Laschtzug hot die ganz Schdroßa braucht, ond uff dem Laschtwaga isch ganz grauß druffgschdanda: „Hochexplosiv". Dongglweiraot isch'r agschdricha gwäa, ond schwarze Schdroifa hot er an dr Seida ghet. Dr Gottliab hot d' Auga ganz weit auf-grissa, hot sei Lenkrad ganz feschd en boide Händ gnomma ond hot ganz wild hin ond her kurbelt ond nergets hot's a Ausweich-schdella gäa.

Dr Gottliab hot d' Auga zuagmacht ond hot druff gwardet, dass es etzt no glei en mords Schlag duat. Zom Gligg isch er no doch uff oimol am Laschtwaga vrbeigrombelt gwäa. Wia dess ganga isch, hot er et vrschdanda.

Egal, *des* isch, Gott sei Dank, noml guat ganga, des hett er fei net denkt, dass des do vorbeilangt. Vor laudr Aufregong isch ehm dr Schwoiß grad da Buggl nagloffa.

---

[1] migga - bremsen

Wo er an dem Laschtwaga vorbei gwäa isch, hot er vor sich a graoßa Schlucht gsäa mit ama Wasserfall, ond iber dui Schlucht isch a ganz waggaliga Holzbrigg nieberganga, ond von dem Wasserfall isch dui Brugg ganz naas gwäa: Glitschig, rutschig, pfudschig. Dia ganz Brugg hot gschwangt, gogelt ond gautscht, ond a baar Brittr hent au gfehlt.

Ond do soll er drieber niebrfahra?

Wo isch er denn do abr au bloß nagroda?

No hot er uff oimol gmerkt, dass rechts schau dr Weag zu seim Diafa Wiesle neigoht. Der Weag hot heit ganz anders ausgsäa wia soscht. Des hot am et recht wella en da Kopf neiganga.

Er isch uff d' Bremsa gschdanda, dass älle vier Scheibabremsa am Touran agfanga hent zom gliah, ond etzt hot dr Touran au no afanga zom brenna.

A Schdick weidr vorna sieht er sei Diafs Wiesle liega ond sein Gwirzluigaboom schdanda, ond der hangt brazzelt voller scheaner rauder Äpfel, au der dirre Ascht, den er doch rasäga hot wella, hangt pritschtvoll. Sei Loiderle schdoht scho am Boom. Er woiß, von onda rauf die dritt Schbrossa fehlt, do muaß 'r mit em Touran durchfahra kenna, aber ob des langt?

Koi Bogakreable[1] fir dia Äpfel hot er au net drbei, ond sei Boomsägle hot er au vrgessa, sonschd hett er ja nomal a

---

[1] Korb mit Henkel

53

Schbrossa raussäga kenna, dass besser durchglangt hett. Aber etzt isch schau z' schbät.

Er bleibt mit em Touran en dera Loiderleslugga hanga, on älles brennt lichterloh, au dr Oiaxahänger.

Dr Gottliab ka grad no aus seim Audo raushopfa, no kracht d' Loidr zamma.

A Schdigg weidr vorna sieht er den Mercedesfahrer mit seim vrbeilda Mercedes schdanda, der hebt sich sein digga Ranza vor laudr Lacha: „I hau's ja gsaid", schreit'r: „Z' domm zom Riabahagga!"

Des hot no gfehlt, des hot ehn gärgert! Däm haut er d' Gosch voll! Was glaubt denn der? Däm dreht'r de Kraga rom! Etzt langt's! Was z' viel isch, isch z' viel!

Etz dreht'r durch, got uff dean Mercedesfahrer los ond duat en Schroi naus! ...

Do secht ebbr nebr ehm dra: „Gottliab, was isch denn, treemscht du?"

Er macht d' Auga voll uff ond sieht neaber sich em Bett sei Marie liega!

Er moint, rechts danna sei au amole a Miehle gwäa,
mit a ma Wasserrad, mo saumäßig gschbritzt hot.

So a richdig knaier[1] Schwob

Iberraschend ischt heit Nacht
em Hansjörg sei Bertl gschtorba.
Etzt hockt er do mit viele Sorga,
etzt hockt er do ond iberlegt,
wia's wohl au weidr ganga keet.

Ja, guat, sie hot en letschter Zeit
schau äls a bissle krängelt,
hot oft koin Abbedit et ghet,
nex hot ra mai gschmeckt.
Doch, dass es aber so schnell goht!
Gerscht lebt se no, heit isch se dot.
Wer hett des denkt?

Er ibrlegt: D' Leit sodat's wissa,
i werd's en d' Zeidong drugga missa.
Er goht zor Zeidong, vorna dra
hockt a jongs Mädle – jetzt gugg na!
Dui kennd er ja!
Es isch a weitläufiga Vrwandte,
a Gschwischders-Kendskend von ra Dande.

Des Mädle horcht sein Jomer a -
ach, wia des guad duat, so am Ma,
der eba hot sei Weib vrlora.
Er kratzt vrlega an de Ohra,

---

[1] knai - geizig

zupft sich a bissle an dr Nas,
ond frogt se nó: „Was koscht so was?"

„Ja, guadr Vetter, es isch so:
Wenn's lang machsch,
koscht's a bissle maier,
a kurzer Text isch et so deier!"

Er iberlegt:
Was däd do ganga?
„Bertl ist gestorben",
des miaßt doch langa?

„Na ja, sieht ebbes schäbig aus.
Drei Wörder mai däd's gleiche koschda.
Mensch, Vetter Hans, sei et so knai,
a reachda Hauzich[1] koschdet mai!"
Ond wiedr iberlegt dr Hans:
Was kennt mr au no schreiba?

Schiabd's en seim Hira rom ond nom,
des isch etzt domm!
Ja, heidasack, ehm fällt nex ei!
No schreibscht halt en dei Zeidong nei:

„Bertl ist gestorben,
Zweitwagen zu verkaufen."

---

[1] Hochzeit

Er goht zor Zeidong ...

Schwäbische Tunwörter: *uffamsla, uffbäbbla*

Auf- odr uffamsla isch a komischs Wort, des mr em Schwäbischa ascheinend et ibral kennt. Mr kennt ja vielleicht moina, des dä hoißa, mr well ebbr uff d' Fiaß odr aus dr Batsche helfa.

Abr es moint eigentlich grad 's Gegadoil:

A Schdickle Viech, a Hood, a Katz, abr au a Mensch liegt en de letschde Zieg - isch am Uffamsla, am Vrregga, feiner ausdriggt, am Schderba.

A Gschäft, a Betrieb, a Fabrikle isch am Uffamsla: am Vrregga, do basst „sterba" et so ganz richdig.

's Gegadoil vom Uffamsla isch 's Uffbäbbla.

A kranks, agmagerts Kätzle odr a kranks Schdickle Viech, a Butschale[1] odr a Kälble duat mr mit ama Schobbale[2] aufbäbbla. Abr au a klois Keed. Halba vrdrocknade Pflanza, dia daublat, duat mr vorsichdig giaßa, nomol brobiara zom se uffbäbbla.

---

[1] Saugferkel

[2] Babyfläschchen

Hochsommr

Gedanken eines 85-Jährigen am Ende des Sommers

Etzt hau me so uff's Frihjohr gfreit,
ja guade Leit, ond etzt?
Etzt isch gau schau dr Moi vorbei,
ond koine Vegel senget mai.

Des leichdend hellgräa Buachalaub,
dia wonderscheane Bloma,
des frische Gras, des mir so gfallt,
isch iber Nacht wia vollr Schdaub,
graugräa ond ganz wiascht donkel worra.

Des Gras wurd gschdärrig, 's isch soweit:
Dia Baura heiat, es isch Zeit.
Mit riesige Mascheena
fuhrwergat se en de Wiesa rom.
Isch was em Weag, ja sei es drom,
dia haldat et, sia fahrat's om,
au meine scheane Bloma!

Koi Mensch nemmt doch koin Recha mai,
koin Wetzschdoi ond koi Gabl!
O je, dui Zeit isch längschd vorbei,
ja, fascht so lang wia seinerzeit
der Durmbau en deam Babel.

Ois sag i eich no, liabe Leit:
Basst uff, des kommt no schlemmer!

Was gibt es bloß fir Neid ond Schdreit,
d' Leit werrad emmer demmer.

Friehr hot's au no Sonndich gäa,
des war no schea!
Au donoch frogt heit koiner mai,
isch au vorbei.
Was kascht drgega macha?
Probier's amol mit Lacha!

Ob's mit dem Lacha funktioniert,
g'haird hald amole ausbrobiert.

I hau meine Bedengga!

* * *

's Hei isch etz henna,
es isch bald soweit,
d' Mähdrescher send gschmiert
ond schdandet bereit.

Gerschda wurd gelb,
dr Sommer ond Ernt könnat komma.
Dr Frialeng? Ja, der isch nadierlich vorbei!
Kasch jomera, kasch bromma!
Fend de mit ab, ja heidanei,
fir des Johr isch er homma!

Regna sott's, naudig,
dui ganz Welt isch schdaubig -
ällas lechzt richtig noch Nass.

Mr ka schier et schlofa, vor laudr Hitz.
Schiergar sehnschd de noch Donner ond Blitz.
Etzt sirrt a Schnook ond surrt om me rom,
bei aller Dierliebe:
I schlag om me rom:
Des Mensch breng e om!
Wenn es vrdwisch!

Johanniskäfer leuchdet.
Fledrmäus huschet durch d' Nacht.
Dr Schdernaheemel isch *eine Pracht*!
Auguschtala[1] duat's.

Mähdrescher fahret, so grauß wia a Haus,
irgendwo oba guggt a Bäuerle raus.

                    * * *

Kender ond die Jonge juchzget beim Bada,
dongget[2] anander, ond schbritzat sich a,
hopfet vom Schbrongbrett ond machet Bomba,
schwemmet om d' Wett: Sia kialat sich a.

Dia gschdandene Alde schwemmat „gesiddat"
ond zehlat genau ihre Bahna,
se bscheißat a bissle drbei.
Ond deant was fir d' Gsondheit!

_____

[1] es „augustelt" – es ist August

[2] „tunken" - unters Wasser tauchen

62

Nebaher schempfat dia gleiche Leit
wia et gscheit
uff dui ozogena Jugend von heut,
behauptet, so ebbes häb's frieher
ganz oifach et gäa!
Frieher sei älles viel besser,
uff jeden Fall: aschdändiger gwäa!

* * *

Doch mit meine iber achzga
isch mir des schau älles radikal egal!
I be z' gschdärrig, i be z' debbat -
baschda! I be z' alt drzua.
Lass se schempfa, lass se lacha!
Was witt macha?
Es isch ebba so!

's isch egal, i guck gelassa ihrem Omtrieb zua.
D' Hauptsach fir mi isch ganz oifach:
I hau mei vrdeande Ruah!

Hälenga[1] hau i druff gwardet:
Em Sommer gäb mei Kreizwai[2]
vielleicht doch nomol
a ganz klois bissele a Ruah,

_____

[1] heimlich

[2] Kreuzschmerzen

aber so wia's bisher aussieht,
wird des au nex,
kommt's do au nemme drzu.

Jetzt merkt mr's abr schau:
D' Däg werrad langsam widr kirzer
ond grad eba hau e me no so arg
uff's Frihjohr gfreit!
Schau widdr isch bald net bloß
's Frihjor ond dr Sommer,
sogar 's ganz Jährle isch vorbei.

Wenn des so weidr goht
ond et bald langsam duat,
gang i uff neizga zua.

Ond no?

Abr neamr saga!

D' Hauptsach fir mi isch ganz oifach:
I hau mei vrdeande Ruah!

Acht Däg noch dr Leicht[1]

's hot heit a kloi weng länger dauert,
mr hot en alda Freind betrauert,
der vorletscht Woch vrschdorba isch.

Em jeda fällt do ebbes ei
von schäne, längscht vrgangene Zeita,
mr konnt den Freind halt so guat leida,
na ja, vor allem hendadrei.
Jedoch, es war amol, es isch vorbei ...

Mr kommt dranei![2]

Ganz ehrlich gsaid, mr hot endessa
da guada Freind schau ganz vrgessa.
So mit dr Zeit wurd's ganz schea luschdig
ond ds viele Schwäddza macht halt durschdig.

Ond nebabei, des muaß mr saga,
em Wirt sein Wei – do kascht et klaga.
Ond als no gega Mitternacht
dui Gsellschaft sich ans Hoimgau macht,
send sozusaga, ohne g'loga,
d' Promilleschpiegel iberzoga.

**Mr schdeiert no mit leichde Böga
seim parkte Kraftfahrzeig entgega.**

_____

[1] Leicht: Beerdigung

[2] Man fängt an, sich angeregt zu unterhalten

D' Schlissel fend mr schliaßlich, d' Diar goht auf,
dui Sach goht ihrn gewohnda Lauf:

Mr lässt sich mit ma schwera, dompfa
„Hau Ruck" en d' Audositz neiblombsa.
A ganz klois Niggerle drzwischa nei,
des wär jetzt fei!

's Aschnalla lässt er heit amol.
Do klopft ebber ans Fäaschdr na.
Er fangt a, seine Feaschderscheiba
a ganz klois bissle ara z´ treiba,
om nachzugugga, was do ischt.
Oh Gott, des isch a Bolezischt!
Etzt hao e grad so viel om d' Ohra,
was hot etzt der au da vrlora?
„Freind, *die* han e vrdwischt!"

Der hebt em so a Röhrle na:
„Ond do bloscht ganz feschd nei – oi Mol!"
„Ja muaß des sei?"
„Ja, klar muaß des sei!
Gib mr au glei dein Fihrerschei!"
„Wenn d' moinscht, es miaß partout so sei,
Ja guad, ja mei!"
Was du e bloß, ja heidanei!?

Er langt sich en sei Goscha nei
ond langt seine falsche Zee draus raus
ond schiabt dia schnell zom Feaschtr naus,
zu ama kloina, schmala Schbalt,

67

hebt se dem Bolezischd vor d´ Nasa
ond secht:

„Do hosch mei Gosch,
kaascht selbr blosa!"

**Mr schdeiert no mit leichde Böga
seim parkte Kraftfahrzeig entgega.**

Schwäbische Tunwörter: *Ds Gras* *„vrschdreeba"*

Mei Dode[1], dui hot mi gar et gmecht – i sui abr au net – ond dia hent nebr os a klois Wiesle ghet, ond do isch a schmals Fuaßwegle durchganga ond wenn mir als Kendr oin Schritt nebanaus gmacht hent, glei hot se 's gsäa, ond glei hot se gschria: „Gaunt ihr aus dera Wies raus, ihr *vrschdreebat* 's ganz Gras!"

Wenn ihre oigene Kendr, oser Vettr ond oser Bäsla, ibr dia ganz Wiesa niebrgsaut sent, des hot se net gsäa, dia hent 's Gras et „vrschdreebt", äwwl bloß i ond mei Schweschder.

Des hair i heit no: „Gaunt ihr aus der Wies raus, ihr vrschdreebat 's ganz Gras!"

D' Hoor uff am Kopf duat mr et *vrschdreeba*, dia duat mr *vrschdrubla*.

---

[1] Patentante

69

Google

Ledschdee han e amol googld,
i hett gera gwisst,
was „nora macha"
uff Hochdeitsch ischt.

Es hot et lang dauert
ond schau hau es gfonda ...
„sich beeilen"
isch drfier danna gschdanda.

Ha! Do hau e guggt!

No hau e denkt:
Wart, die griag i dra!
Etz schreib e amole „Gugg"
ond drzua „gugg amol" na!

Etzt schlag me 's Blechle,
was et älles geit!
Des Google-Glomb
isch doch schau saumäßig gscheit!

Des muascht reschpektiera,
so leicht lässt sich Google
et an dr Nasa romfiehra:
„Plastiktüte, Einkaufstüte, Beutel"
hot's gsaid.
Von mir aus,
lassa mr 's guat sei, soweit.

Etzt abr no: „Gugg amol!"
Etzt weller mr seah:
„Schau mal!",
moint er, wär drfir ds Richdige gwäa.
Gell, do guggscht! Au des hot er gwisst.

Abr wart no, i griag de,
i will amol seah,
etz muaß es ja do no
zur Ausschbroch was gäa.
Er isch ja so schlau,
vielleicht woiß er des au?

Jawoll, 's muaß ja zur Ausschbroch
au no was geba!
Aber do war er no doch
ganz gwaldig drneba.

I hau mrs aghorcht,
wia des ausgschbrocha wurd.
Was hau e do ghairt?
„Gagg", hot'r gsaid!

Fir „Gugg" hot'r „Gagg" gsaid,
was isch denn au des?
Macht en mei Frogerei
denn so langsam nervees?

Do lang mr an Kopf na,
abr jetzt fällt mr was ei:
Der hot do tatsächlich

ds schwäbische Schreiba ond Schwäddza
mit em englischa Schwäddza ond Schreiba vrwechslt!

Fir „gugg amol" hot er „gagg agän" gsaid -
etzt langt mr´s fir heit.
Abr, wer woiß? Vielleicht hao e me au bloß
uff meim Combudr vrguggt
ond hau do uff di falscha Taschda nadruckt ...

Ja, wenn ...

Ja, guadr Maa, hettsch, du mir gsait,
dass des Johr so viel Honig geit,
ja, heidanei!
No hett i glei,
so afangs Mai,
mei Kuah vrkauft, des gschdärrich Dier,
ond hett seggs Eama[1] kauft, drfier,
narr, hett i Geld!

Doch etzt isch's z' schbät,
des Johr isch rom,
ka 's iberlega, rom ond nom:
Was dua i etz?
Ja, hendadrei,
was fallt dr do et älles ei?

Ihr liabe Leit:
Wenn's nächschd Johr widdr Honig geit,
wenn i des wisst,
wia's nächschd Johr mit dem Honig ischt,
ja, liebe Leit? Mein lieabr Freind! No ...

Ja, wenn ...

Ja, wenn des Werdle „wenn" et wär,
no wär mei Vaddr Millionär!

_____

An alder Maa em Wendr em Schwäbischa Wald

Älle schwärmet drvo,
wia schee dass es gwäa isch
– frieher – em Wendr.
Abr 's isch halt nemme „frieher".

Mi graust´s!
Etzt schdoht dr Wendr vor dr Dier:
„Mei liabr Freind, mir graust's vor dir!
Du kennscht mr gschdohla bleiba!"

Ds Laub von de Laubbemm ischt meischd honda
ond ´s Gras isch au schau fascht vrschwonda.
's isch neablig, regnerisch, kalt ond nass,
dees macht em Aldr et viel Schbass.
Muascht hald drhoimda bleiba!

Doch en der Schduba isch's so eng,
muaß gugga, dass e d' Däg rombreng.
Was du e bloß, i armr Tropf?
Mir fallt bald d' Degge uff dr Kopf!

Will i no doch amol uff d´Gass,
muaß i mei Weib abettla,
ob sui mir et gschwed helfa däd?
Mei Schdrempf, mei Schuah,
mei Hosa ond mei Jagga ...

Sui woiß des scho,
sui mault gschwend no,
vrziagt ihr Nas.

Es isch halt so,
alloi däd i 's net pagga.

Mei Nochbr isch so alt wia i,
sei Weib a klois weng jenger.
Du liabe Zeit, oh jemine,
dia jomeret no mai wia i,
dia machet 's bloß no schlemmer!

Wenn i zu deane niebrgang,
no goht's glei a
vom Schderba ond vom Erba,
ond deane honderd Krankheitsgschichda.
Da ka e druff vrzichda!

So isch es halt en dera Welt
mit sodde alte Knaggr.
„Wenn dr 's et bassd,
wenn dr 's et gfällt",
so said mei Weib,
„muasch halt uff's Frihjohr warda!"

Des isch a Droscht!

I hau do Zweifel, ob's genau
wia 's letschd Johr widder isch.
„Mei guadr Maa, i glaub vrgischt,
dass a Johr äldr wora bischt!",
so said mei Weib.
„Vielleicht bischt au schau gschdorba!"

Frühjahr 2020

75

Schwäbische Tunwörter: zärfa - niggla – knäafa - nörgla

Kendr zärfat.

Bsonders gera zärfat Gschwischdr mitanandr. A jeds hot Angscht, s' Andere häb a weng mai odr häb ebbes Bessrs. Abr des send halt a bissle so „Bibsgoggeleia[1]", et obedengt so ganz ernschd.

Wenn se no äldr send oder wenn's no au no om's Erba goht, no zärfat se nemme, no hendlat se no richdig.

Niggla ond knäafa isch fascht 's Gleiche. Des kennat abr älle, dia Jonge ond dia Alde. Nörgla, romnörgla kennt mr au saga.

Mit ebbes äwl wiedr afanga, oifach koi Ruah gäa bis dr bald dr Graga platzt.

---

[1] „Piepsgockeleien", Hahnenkämpfe

Wer net haira will ...

I gugg do grad zom Feaschtr naus:
O, Schreck, o Graus!
Wia sieht's do aus?
's hot Eis ond Schnai,
mi schiddlt's frei.
Wia kalt wurd´s woll do daußa sei?

Recht rutschig isch's
ond schbiegelglatt.
Hao *i* den Wendr uff dr Latt!
So richdig satt!

Abr ...

A bissle pfuxt[1] ´s mi äbba doch,
i glaub, i will 's halt doch brobiera ...
Jawoll! I dua 's nomal riskiera ...
's wurd schau nex Domms drbei bassiera!

Gang also doch nomol vor d' Dira.
Mi fangt 's schao henna a zom friera.
I dua nomol en Kittl a,
i aldr Maa:
I mach etzt Baah[2]!

_____

[1] In den Fingern jucken

[2] „Bahn machen" - Schnee räumen. Alte Leute sagen heute noch zum Schneeräumfahrzeug „Baahschlidda" – Bahnschlitten.

77

Dr Schnai isch schwer
ond nass ond babbed
ond will et von dr Schaufl ra.
I sieh es ei:
Es isch nex mai
fir so en alda Maa!

I schdell dui Schaufl widdr weg
ens hendrschd Egg.
Dua schnell mein Kittl widdr ra,
gang nei ond hock an d´ Heizong na
ond denk drbei:
„Vier Monat weidr, no isch Mai!"

Etzt duat mr recht dr Buggl wai,
ond airscht mei Knui!
Komm, Weib, reib´s ei,
Mit Franzbranntwei!

„Des hoscht drvo! I hau´s ja gsait,
wärscht besser henna blieba!"

Ja: Der wo erscht net haira will,
der muaß halt nochher fihla!

78

Baah macha mit 'm Baahschlidda

Was mir Muat macht[1]

I will ja et glaga,
abr des oi ka dr saga:
Der Wendr, der langt etzt,
von dem hao e gnuag.

I sitz en dr Schduba
ond möcht gern uff d´ Gass,
abr d´ Waldwäag send dreggat
ond älles isch nass.

Mr sott au et grad
zu de Leit anegau.
Viele hent grad d´ Gribbe,
oms Nomgugga hot's de au.

An dr Nas hanget Drepfla,
en rechda Gorgser[2] drbei.
Do hengscht vielleicht d' Pfläatsch ra[3]
ond dei Meggel[4] duat wai.

---

[1] Vorgetragen beim Poetry Slam zum Thema: „Was mir Mut macht" 2020 in Murrhardt

[2] Husten

[3] ein missmutiges Gesicht machen

[4] Kopf

A Bettfläsch[1] dä helfa,
en Schal om da Hals,
Vitamin C - ond an Wiggl mit Schmalz.
Bombola schlotza
ond etliche Schnäps?

A bissle dräuma därf mr!
Schnaigleggla bliaht
ond dr Hufladdig au.
Des wurd wiedr Frihjohr,
kasch de gwieß druff vrlau[2].

En zirka vier Monat, do isch es soweit,
do scheint widder d' Sonna viel wärmer wia heit.
Ond wenn au no siescht, wia des Gras wachsa duat
ond d' Epfelbeem bliehat!
Alloi des dra dengga, des duat mr schau guat!
Des langt mir, mai braucht's net.
Ond wenn mr jetz no ebbr Netts aleuda[3] duat,
no be ne ganz z'frieda, no isch widdr guat.

Ond dees macht mr Muat!

---

[1] Wärmeflasche

[2] verlassen

[3] anläuten – anrufen

Merzakätzla

Überliefert

Mei Katz hot sieba Jonge ghet:
A groas ond a bloas,[1]
a igetz ond a ägetz[2],
a schnaiweiß ond en Kohlmatz,
ond a sodda wia mei alda Katz.

---

[1] ein graues und ein blaues

[2] Wortspiel ohne Bedeutung

Kirchenkirnberger Heimatlied

Verborgen hinter Wäldern,
dem Himmel schon ganz nah,
da liegt ein kleines Dörflein,
es ist schon lange da.

Aus tiefen Felsenschluchten
entspringt manch klarer Quell,
und saub're Bächlein plätschern
ganz munter - silberhell.

Der Wind rauscht durch die Tannen
und durch den Eichenwald
und fängt an zu erzählen:
Sind tausend Jahre bald.

Da kam ein altes Mönchlein
den Berg herauf geschnauft,
setzt sich zur Quelle nieder
und ruhte sich dort aus.

Das Mönchlein träumte heiter,
es dacht': „Hier halt' ich's aus!
Ich gehe nicht mehr weiter,
ich bau´ mir da ein Haus."

Es baut' sich eine Zelle,
die „Hospe"[1] musste sein,
es heilte Pferd und Leute,
die stellten sich bald ein.

Aus Wäldern wurden Felder,
manch Haus kam noch dazu.
Man baute Weg und Stege,
und Korn gab es genug.

Sie bauten eine Mühle,
bald auch ein Gotteshaus,
so wurde Kirchenkirnberg:
Ein rechtes Dorf daraus.

Es ward ein Dorf wie viele,
mit Freuden und mit Leid,
mit Hader und mit Zwietracht
und auch viel Heiterkeit.

Es wäre viel zu klagen
von Krieg und großem Streit,
von Hunger und von Plagen
in langer, schwerer Zeit.

---

[1] *Hospe/Hospa.* Heute noch ein Flurstück am Ortsrand. Hier vermutet man die Urzelle des Dorfes Churemberch, eine Einsiedelei, ein Hospiz. Hier könnte ein Mönch Übernachtung und Heilung für die durchziehenden Fuhrleute, vor allem für deren Pferde angeboten haben. Eine etwas gewagte Annahme.

Dies wolln wir heut´ vergessen,
wir wollen lustig sein.
Es gibt genug zu essen
und manche Flasche Wein.

St. Ursula-Kirche in Kirchenkirnberg anno 1815. Aquarell von F. Scholl

Corona[1]

Mei Muadr, dui hod äwl gsait:
„Ja, d´ Leit send gscheit!"
Doch etz amole sachde!
Etzt gugg bloß do amole na:
Isch pletzlich des Corona do!
Was sechscht etzt do?
Wer hett des denkt? Ha? Hmm?
Dr Mensch, der denkt –
und Gott? Der lenkt!
Oder a bissle andersrom,
fir d´ gscheide Leit genau so domm:
„Dr Mensch, der dachte
und Gott? – lachte."
Was hot mei Muadr äwl gsait?
„Ja, d´ Leit send gscheit!"
Ja, mit dr Zeit
wär´s guat, es wär amol so weit.

---

[1] Entstanden während der Pandemie 2020/21

Dr Daudagräbr Wilhelm Gärttling ond dr Schuabaura Fritz

Wenn's a kloi weng äbere[1] Weadr gwäa isch, send dia zwee äll-bodd[2] uff deam Benkle ghockt ond hend Hoierles ghalda[3].

Dr Fritz hot emme woidle[4] laufa kenna, ond wenn 's Weadr net grad bsondrs gwäa isch, do hot 'r ällaweil arg wohlhofla[5] miaßa, dass dr Wilhelm iebodd[6] amol widdr zua eam aara[7] komma isch. 's hot an äwl[8] äll bed[9] and doa[10] nochanander.

Wenn's em Sommr reacht hoiß gwäa isch, narr do send se älls do hausa ghockt bis em Haumahd[11] drhenda Raichbeck bolla[12] hend.

_____

[1] annehmbar

[2] immer

[3] sich unterhalten

[4] flink

[5] sich anbiedern

[6] manchmal

[7] herab

[8] allweil - immer

[9] alle beide

[10] sich sehnen

[11] Haumahd – „Hohes Mahd", ein Flurstück

[12] Bis die Rehböcke gebellt haben

87

Wer woiß heit no, was des isch ond was des bedeidet?

Bätzanabl Bauchnabel eines Schweins

dabba tappen, treten, gehen

drnäabadabba danebentreten

Eira macha „Ehren machen", sich wichtig tun

Gaiwende Schneewehe

Gschwischters Kendrs-Kendr Kinder der Vettern und Basen, also die Kinder der Cousinen und Cousins

Haadhebetse Handhabe, Griff, Geländer

Haadzwehle „Hand-Zwillich" - Handtuch

Hoirles halda sich gemeinsam unterhalten; im übertragenen Sinne auch „faulenzen"

Horaffa „Hornaffe" – kleiner Hornschlitten zum „Holz führen", also zum Holztransport im Winter

Kleibschda Holzsplitter, Spreißel im Finger

nådabba hintreten

nadabba hinuntertreten

neidabba hineintreten

niddla nörgeln

niggla Kopf und Nacken hin und her bewegen, wackeln; im übertragenen Sinna auch nörgeln

noddla hin und her bewegen

obacha „ungebacken" - auch in der Bedeutung von „außerge-wöhnlich, sehr"

Oisa Furunkel, Pickel

okomod unbequem, ungemütlich – von frz. *commode*: bequem

omdabba umtreten, zusammentreten

phäb knapp, geizig

Riaschd böses Weib

Riaschdr Lederfleck am Schuh

´s Grieß hau „das Geriss haben" - sich um etwas reißen

Schläafr Holzsplitter, Spreißel

schnarrmaula Hunger leiden, anderen beim Essen zuschauen

schdiera stöbern, stochern, herumwühlen

Schdierom eine einfache Variante von Kaiserschmarrn

schdoiphäb dichtgedrängt, genau daneben

Schdurzaboggl Purzelbaum

Siedl bemalte Truhe

säll jenes (vielleicht von frz. *celle:* jener, jene, jenes)

sätt dort (vielleicht von frz. *cette:* dieser, diese dieses)

Suggl weibliches Schwein

suggla Flüssigkeit verschütten, fortwährend saugen

uffamsla roher, auch scherzhafter Ausdruck für „sterben"

uffbäbbla eigentlich: mit Babb, also Brei auffüttern; ein kleines Kind mühsam aufziehen

uffbäha nochmals aufbacken

vrkirna sich verschlucken

wohlhofla jemandem nach dem Munde reden, sich anbiedern

Die Weihnachtsgeschichte nach Lukas

Übersetzt ens „Kemmberger Schwäbisch"

1 's isch sellamol gwäa, wo dr Kaiser Auguschtus gwet hot, dass mr älle Leit uff dr Welt zehla soll.

2 Des isch z'airscht Mol gwäa, sellamol, dass es so ebbes gäa hot, grad domols, wo dr Cyrenius Guverneer en Syria gwäa isch.

3 Ond älle send ganga zom sich zela lassa, en dui Schdadt, wo se gebora wora send.

4 Do hot sich au dr Josef aus em Schdädtle Nazeret in Galiläa uff d' Fias gmacht, ens Jidische, em Kenig David sei Schdadt, des isch ja Bethlehem. Er isch nemlich vom David abgschdammd.

5 Dort hot er sich zela lassa miaßa mit seira Marie, seim Weib, do isch ebbes Klois onderweags gwäa.

6 Ond grad en dera Zeit, wo se sätt[1] gwäa send, hot des Kendle uff d' Welt komma solla.

7 Ond lass me gao, hot se 's Kendle griagt, 's isch ihr airschts gwäa, a Bua au no. Sui hot's en Wendla neigwigglt ond hot's en en Fuadrdrog neiglegt, weil's en ganz Bethlehem absolut nergetz koin Platz mai khet hot.

8 En sällara Gegnd send Hirda uff em Feld gwäa, bei ihre Pferch, ond hent nachts ihre Schof ghiadad.

9 Ond was glaubsch, isch do uff oimol em liaba Gott sei Engl bei deane gschdanda ond älles om se rom isch gloggahell gwäa. Ond sia hent oheimlich Angschd ghet.

10 Ond der Engl hot gsaid: Ihr brauchat koi Angschd et hao.

---

[1] dort

Gugged na, i soll uich von ara mords Fraid vrzehla, vo wellara amol älle Leit uff dr Welt ebbes brovidirat.

11 Nemlich exdra fir uich isch heit em David seira Schdadt dr Heiland gebora, des isch dr Christus!

12 Ond dass'r mr´s au glaubet: Des Kendle ligt en Wendla eigwiggelt em a Fuadrtrog drenna. Ond en dem Augablick send om dean Engl rom a Ómenge hemmlische Heerschara gwäa, dia hent da liaba Gott globt ond hent gsaid:

13 Ehr sei em liaba Gott doba en dr Hai ond älle Leit uff Gottes Erdboda sei Frida ond Fraid.

14 Wo dia Engl no widdr en da Hemel nuffgfloga gwäa send, hent dia Hirda zu anander gsait: Auf goht's, gau mer noch Bethlehem, gugga mr amol dui Gschicht a, dui do bassiert isch, wo os do dr liabe Gott hot vrzehla lassa.

15 Ond sia send gsaut so schnell se ghent hent ond hent's gfonda - d´Marie ond da Josef, ond ´s Kendle isch em Fuadrtrog drenna gleaga.

16 Wo se älls gsäa ghet hent, hent se 's nemme vrheba kenna ond hent afanga vrzehla, was ähne älles von dem Kendle gsaid wora isch.

17 Ond älle, wo's ghairt hent, hent da Koopf gschiddlt ond hent sich iber dene Hirda ihr Gschwäddz gwondert.

18 D´Marie abr hot sich des ällas guat eibrägt, sui hot des älles óheimlich omdrieba.

19 D´Hirda hent widr zu ihre Viecher miaßa, hent abr furt ond furt da liaba Gott briasa ond globt, fir ällas des Sach, was se do gsäa ond ghairt hent.

Nachwort

„Hartmut, I hett widr ebbes fir a nuis Buach! Schaffe mr des no bis Aoschdera[1]?", teilt mir mein Vater neulich am Telefon mit.

Zugegebenermaßen: Rechte Begeisterung will zunächst nicht aufkommen, denn wenn mein Vater sich etwas in den Kopf gesetzt hat, verfolgt er das auch. Und zwar mit großem Nachdruck und mit Dringlichkeit; und die ganze Familie leidet mit:

Das Manuskript, von ihm selbst mühsam am Computer erstellt, braucht bestimmt wieder sorgfältige und äußerst zeitaufwändige Nachformatierung. Wenn man dann meint, endlich mit dem Gröbsten durch zu sein, kommen ganz gewiss noch eine Menge Änderungswünsche und Ergänzungen. Es folgen unzählige Telefonate und E-Mails bis man sich endlich einig ist.

Auch der Enkel – mein Neffe Niklas – wird beinahe allabendlich am Telefon bedrängt, doch bitte – schnell! – noch diese oder jene Zeichnung zur Illustration beizusteuern.

Und seine Frau sorgt sich – nicht immer *ganz* unbegründet, worüber und was genau *ihr Maa* wohl nun wieder geschrieben hat ...

Aber da es sich inzwischen um das fünfte Buch handelt[2], das auf diese Weise entsteht, hat man eine gewisse Routine; weiß, welche Schritte notwendig sind, vom Rohmanuskript bis zum fertigen, gedruckten Buch. Und Vorlagen sind mittlerweile auch

---

[1] Ostern

[2] Siehe Veröffentlichungsliste am Ende des Buches

genügend vorhanden, so dass man nicht wieder alles von Grund auf neu erstellen muss.

Das vorliegende Buch ist allerdings insofern besonders, als dass es fast ausschließlich schwäbische Texte enthält. Und zwar im „Kemmberger Schwäbisch", also in der Dialektvariante, die in meinem Heimatdorf Kirchenkirnberg im Schwäbischen Wald gesprochen wird. Oder genauer: gesprochen wurde.

Denn ein großes Anliegen meines Vaters war hier, an besondere Ausdrücke zu erinnern, die noch vor fünfzig bis achtzig Jahren gebräuchlich waren, die heute aber kaum noch jemand kennt oder versteht. Diese besonders „ausgefallenen" Wörter werden deshalb im Text jeweils in Fußnoten erläutert.

Nun hat das Kemmberger Schwäbisch gewisse Eigenheiten, die eine schriftliche Notation noch schwieriger machen als andere Variationen des Dialekts:

Während die meisten „_Reigschmeckte_"[1] schon am klassischen Testwort „_oägnehm_"[2] scheitern, hat unser Welzheimer-Wald-Schwäbisch tatsächlich _zwei_ bedeutungsunterscheidende Phoneme zwischen dem hochdeutschen geschlossenen „o" und dem offenen „a":

---

[1] „Zugezogene"

[2] „unangenehm"

- „o" wie in hochdeutsch „h**o**ch", „**O**pa"
- „å" ähnlich dem englischen „w**a**ter" oder „**awe**some"
- „ā" ähnlich wie in hochdeutsch „**A**nne", „M**a**nn"
- „a" wie in hochdeutsch „**A**lter", „V**a**ter"[1]

Und das dann auch noch kurz und lang. Wie will man das angemessen notieren?

Die Aufforderung: „Mal mal ein Männchen!" heißt bei uns: „Mål āmål ā Māāle!" Und wenn man den Nachbarinnen zuhört, können einem durchaus Gesprächsfetzen wie diese um die Ohren fliegen:

- „Ha no! Wo isch se nå nā?"
- „Nå isch se na!"[2]

Ich habe diese wirklich aufwändige Notierung allerdings nicht verwendet, sondern mich weitestgehend an die Vorschläge und Korrekturen des im Schreiben und Lektorieren schwäbischer Texte sehr versierten Herrn **Albrecht Hartmann aus Schwäbisch Gmünd** gehalten, der sich die große Mühe gemacht hat[3],

---

[1] Hier die Minimalpaare für die skeptischen Phonologen:

- „no" = „noch";
- „nå" = „dann";
- „nā" = „hin";
- „na" = „hinab".

[2] „Ja wie! Wo ist sie *dann* hingegangen?" „Dann ist sie hinab gegangen!"

[3] In der englischen Sprache gibt es hierfür das wunderbare Wort „painstaking" – man nimmt wörtlich Schmerzen auf sich.

das Rohmanuskript – mehrmals – komplett zu lesen, zu kommentieren und zu korrigieren. Ohne seinen Beitrag hätte die Erstellung dieses Buches ein Vielfaches länger gedauert und wäre bestimmt sehr fehlerhaft geblieben. Ein herzliches Dankeschön dafür an dieser Stelle!

Ich habe mich allerdings nicht immer in *allen* Punkten an seine Vorschläge gehalten, sondern einige Dinge in allen schwäbischen Texten wie folgt vereinheitlicht:

„Schreibe nie st!", *weil d' sonschd nemlich jedes Mol beim Lease driber schdolberschd!* Erst recht beim laut Vorlesen. Und ein „ü" gibt es in unserem Dialekt auch nicht – *des wär ja au 's Dipfele uff'm „ii"!* Die Verwendung des „ä" ist leider nicht immer einheitlich gelungen, insbesondere als Diphtong mit „a": „gsää" oder „gsea"? „gwää" oder „gwea"? „Feaschdr" oder „Fäaschdr"? Man kann sich trefflich streiten, was angemessener wäre. Aber irgendwann muss man eine Entscheidung für das eine oder andere treffen.

Schließlich ist da noch die relativ kleine, schmal laufende Schrift. Diese ist den zum Teil sehr langen Versen in den Gedichten geschuldet. Denn Umbrüche inmitten einer Gedichtzeile sollten wo immer möglich vermieden werden.

Ich hoffe, dass trotz der angesprochenen Notationsschwierigkeiten ein insgesamt leicht und flüssig lesbarer Text entstanden ist, und ich wünsche viel Vergnügen bei der Lektüre!

Mannheim im Februar 2021
Dr. Hartmut Bohn

Der Autor

Eberhard Bohn wurde 1935 in Kirchenkirnberg im Schwäbischen Wald, im damaligen Oberamt Welzheim, geboren.

Nach Schul-, Lehr- und Wanderjahren übernahm er den väterlichen Mühlen- und Silobaubetrieb.

Seinen Ruhestand verbringt er unter anderem in beratender Tätigkeit bei historischen Mühlen und Wasserrädern und mit Heimatforschung.

Außerdem befasst er sich aus Freude am Erzählen mit dem Schreiben von Geschichten aus der Heimat und aus aller Welt.

2018 war Eberhard Bohn in der Endausscheidung für den Sebastian Blau-Preis für schwäbische Mundart.

Illustrationen

Die Illustrationen in diesem Buch wurden von Niklas Bohn angefertigt. Niklas Bohn, geboren im Jahr 1999, ist ein Enkel von Eberhard Bohn. Er lebt in Petershagen in Brandenburg.

Vom selben Autor

Bohn, Eberhard. Der Gänsjakob und andere Geschichten aus dem Schwäbischen Wald. BoD, 2018.

Bohn, Eberhard, Hg. Lauter Dummheiten. Gesammelte Geschichten. BoD, 2017. [Nicht im Buchhandel erhältlich.]

Bohn, Eberhard. Almunde – Ein Leben in zwei Welten. Roman. BoD, 2016.

Bohn, Eberhard. Dem Müller, dem's am Wasser fehlt – Mühlengeschichten und Wissenswertes über Mühlen, Korn, Mehl und Brot. BoD, 2016.

Bohn, Eberhard u.a. Mühlen im Schwäbischen Wald. Landratsamt Rems-Murr-Kreis, 2009

Bohn, Eberhard und Fritz, Gerhard.
Kirchenkirnberg – Ein Pfarrdorf an der Grenze. Henneke, 2005.

Bienert, Hans-Dieter; Bohn, Eberhard; Fritz, Gerhard. Von Erdluitle und dem wilden Heer. Hennecke, 1996.